27
En 15712.

NOTICES HISTORIQUES

SUR

PAPAVOINE ET FORT.

DE L'IMPRIMERIE DE SÉTIER,
Cour des Fontaines, n° 7, à Paris.

NOTICES HISTORIQUES

SUR

PAPAVOINE et FORT;

LE PREMIER,

PRÉVENU DE L'ASSASSINAT DES DEUX ENFANS GERBAULT,
DANS LE BOIS DE VINCENNES;

LE SECOND,

D'ATTENTAT A LA VIE DE M. VÉRY, VALET DE CHAMBRE DE M. DE CATIGNY;

AVEC DES DÉTAILS

Sur les nouveaux excès dont PAPAVOINE s'est rendu coupable
depuis son arrestation, et une Notice biographique sur ces deux
individus.

PAR UN AVOCAT.

PARIS,

A LA LIBRAIRIE FRANÇAISE ET ÉTRANGÈRE,

Palais-Royal, Galeries de Bois.

1824.

[illegible]

[illegible]

[illegible]

[illegible]

[illegible]

[illegible]

[illegible]

[illegible]

[illegible]

[illegible]

INTRODUCTION.

On met si souvent les probabilités à la place de la vérité, que nous avons cru devoir l'offrir sur les deux prévenus FORT et PAPAVOINE, avant que leurs procès commençassent. C'est de l'exactitude dés faits patens que nous voulons parler ici; et qu'on veuille bien ne pas donner d'autre signification à ce mot. La vérité peut en outre découler d'inductions appuyées par des découvertes ultérieures, sur des faits antécédens; cette investigation ne nous appartient pas. VÉRY est frappé, le fait est notoire; FORT avoue qu'il est l'auteur du crime : nous le racontons avec tout ce qui se rattache à ses démarches subséquentes. Les enfans Gerbault sont assassinés en plein jour, au milieu du bois de Vincennes; on en accuse PAPAVOINE : nous le rapportons encore; mais à Dieu ne plaise que nous voulions, quant à PAPAVOINE, préjuger la question. Si nous avons raconté tous les faits, ce n'est pas pour l'accuser de s'être rendu coupable du crime; mais seulement pour que le public, en pleine connaissance des faits, n'aille pas former ses opinions, chercher des complicités qui n'existent pas, flétrir de sa réprobation tacite des personnes pleines d'honneur et de probité. Toutes les fois que nous avons entendu parler de ces deux affaires, nous l'avons ouï faire chaque fois avec des versions différentes. C'est donc la vérité sur les faits que nous rapportons naïvement.

Fort est coupable, puisqu'il l'a avoué: Papavoine l'est aussi, mais dans sa dernière affaire, puisqu'il a été vu, qu'il en est convenu. Quant à l'affaire Gerbault, laissons à Thémis le soin d'explorer l'événement pour y trouver la lumière. Nous avons présent à la mémoire ce que notre Roi Charles X a dit, dans sa jeunesse, à un courtisan qui, sur les plaintes élevées par l'abbé de Belplas, que le sort des détenus était trop rigoureux, ajouta qu'ils le méritaient : « *Sait-on*, reprit vivement le Prince, *s'ils sont* » *coupables? Jusqu'à la prononciation de* » *l'arrêt, ils ont droit à notre intérêt.* » Ces paroles augustes nous ont suffisamment appris quelle réserve nous devions nous-imposer dans nos récits. Aussi nous conservons l'espoir qu'on ne nous fera pas l'injure de croire que nous avons voulu flétrir ou absoudre les deux personnages qui font l'objet de cet opuscule.

NOTICE

SUR

PAPAVOINE.

Le dix octobre 1824, le bois de *Vincennes* est devenu le théâtre d'un crime abominable.

Depuis plusieurs années, une passion d'autant plus invincible qu'elle était fondée sur l'estime et sur des gages non équivoques d'un attachement sans réserve, unissait le sieur *Gerbault* fils à la demoiselle *Henriette-Charlotte Herrin*. De leurs liaisons étaient nés deux enfans du sexe masculin : *Charles* et *Auguste Gerbault*, âgés, le premier de six ans et le deuxième de cinq ans seulement. Obligée, par des raisons particulières, de les éloigner de son domicile, rue de Verneuil, n° 58, à Paris, la mère les avait mis en pension à *Vincennes*, chez Madame *Soudieux*, épicière, rue du Terrier, n°. 72.

Cependant l'amour maternel, alarmé d'ailleurs par une inquiétude vague qu'elle ne pouvait se définir à elle-même, ne permettait point à la demoiselle *Herrin* de rester long-temps sans courir auprès de ses fils chéris. Plusieurs fois par semaine elle se rendait chez l nourrice. Les embrasser, leur prodiguer les plus tendres caresses, jouir du spectacle de leurs jeux innocens, les provoquer, s'y mêler même, telle était l'unique occupation de toute sa journée. Elle se plaisait surtout à les promener dans le bois de Vincennes, pour qu'ils y respirassent un air plus pur; peut-être aussi pour faire admirer aux promeneurs la beauté de leurs traits et leurs grâces enfantines. Qui ne pardonnerait cette sorte d'orgueil au cœur d'une mère?

Le dix octobre, *Charlotte Herrin* arrive chez Madame *Soudieux*, à dix heures et demie du matin, fait habiller ses enfans, et va dans le bois par la route dite *des Minimes*. Quoiqu'alors il ne tombât point de pluie, la température était humide, et, par précaution, elle portait un parapluie.

Déjà elle avait parcouru un assez long espace, lorsqu'elle est rencontrée par une dame vêtue d'une robe rose, avec un chapeau de même couleur, et un schall noir. Cette dame admire la beauté des enfans, en félicite la mère, et, après les avoir embrassés, elle s'éloigne et disparaît bientôt.

Quelques minutes après, à midi environ, un homme d'une quarantaine d'années, vêtu d'une redingote bleue, sort du fossé du bois, s'approche sans affectation de *Charlotte Herrin* qui tient ses fils par la main. « Quels beaux enfans! » dit-il. A ces mots il embrasse l'aîné Charles qui, avec un accent douloureux, se met à crier : *maman! ah! maman! man...* et la voix expire sur ses lèvres. Le scélérat lui avait plongé un couteau dans la gorge; pendant que la mère alarmée cherche à voir ce qui peut faire crier son fils, et que, d'une main tremblante, elle s'efforce de le retenir dans sa chute, le meurtrier se glisse derrière elle, et, d'un second coup, frappé précisément au même endroit, le plus jeune est aussi renversé sans vie.

Exaspérée par son désespoir (car elle ne peut plus douter de son malheur), l'infortunée se précipite sur l'assassin, et lui assène un coup de parapluie sur la tête; mais une fuite rapide le soustrait à ses coups impuissans, et il disparaît dans l'épaisseur du bois.

Bientôt, aux cris perçans que fait retentir la demoiselle *Herrin*, plusieurs personnes sont accourues sur le théâtre de cette scène sanglante, et s'empressent de prodiguer des secours à cette malheureuse mère, *abîmée* de douleur. Celles à qui elle est connue, et qui n'ignorent point la filiation mystérieuse des victimes, se livrent à mille conjectures sur la cause probable d'un si tragique événement :

« On succombe quelquefois, se disent ces personnes, » sous le fer d'un ennemi implacable, qui ne peut nous » pardonner soit un outrage, soit une injustice, soit » même un succès légitime qui le blesse d'une manière » quelconque. Mais ces jeunes, ces intéressantes victi- » mes, si faibles, si innocentes, de quelle offense, de » quelle injustice pourraient-elles s'être rendues cou- » pables ? Serait-ce par les auteurs de leurs jours, que « l'assassin aurait été outragé ? mais quel est le cœur » assez atroce, pour poursuivre une vengeance jusque » sur des enfans à peine sortis du berceau ? L'impa- » tiente cupidité d'un héritier présomptif, peut encore

» (et on ne le voit que trop!), peut, dis-je, le pousser
» à nous ravir l'existence. Mais ces enfans, espèces de
» Parias dans la vie civile, sans famille comme sans
» fortune, étaient dans l'heureuse impuissance d'exci-
» ter une si funeste convoitise. »

Bien d'autres hypothèses encore vinrent s'offrir d'a-
bord à l'esprit des spectateurs, toutes invraisemblables
où révoltantes, et aucune d'elles ne fut jugée digne de
mener à la solution de ce singulier problème.

Alors encore quelques-uns, recueillant leurs souvenirs, rappelèrent diverses circonstances particulières,
qui, selon eux, si elles n'eussent pas été d'abord négli-
gées, auraient dû paraître un présage certain qu'un
génie ennemi préparait, dans l'obscurité, la perte des
jeunes *Gerbault*. Il y avait tout au plus un an, qu'un
homme, sous le nom, qu'on présume supposé, de
Rousseau, avait parcouru *Vincennes* s'informant partout de la *maison où étaient en pension deux jeunes enfans, l'un âgé de cinq ans* et *l'autre de quatre ans.* Environ six jours avant le crime, le même homme avait
été vu de nouveau renouvelant ses mystérieuses questions; il avait même ajouté *qu'il y aurait mille francs
à gagner pour celui qui ferait connaître cette maison*
introuvable. *Mille francs!*..... Cette découverte, qui
pour tout autre aurait été si indifférente, importait
donc beaucoup à cet inconnu? L'offre singulière d'une
somme si considérable, n'était pas la seule chose qui
rappelât sa réapparition : on se souvenait en outre
qu'il avait logé chez un cabaretier, *rue Royale.*

Cependant la gendarmerie traquait le bois de Vincennes. Un individu, couvert d'une redingote bleue, s'avance d'un pas rapide vers les *Minimes*. Il s'adresse à une sentinelle qu'il rencontre en cet endroit : « *Le »chemin le plus court*, demande-t-il, *pour sortir de ce »bois ?* » On dit même qu'il ajouta : « *n'ai-je rien à la »figure ?* » Mais il a nié constamment ce propos. Au même instant la sentinelle a, pour la première fois, les oreilles frappés des cris : *à l'assassin !* et au lieu de répondre au questionneur, elle l'arrête.

Cet individu arrêté se nomme *Papavoine*, natif de *Mouy*, département de *l'Eure*, âgé de trente-huit ans, demeurant depuis quelques jours à *Paris*, *cul de sac Saint-Pierre*, *hôtel de la Providence*. Après avoir servi sous *Napoléon*, il avait profité d'un congé pour embrasser la profession de sa famille, celle de manufacturier. Il se fixa à *Saint-Quentin* ; mais peu heureux dans son établissement, il avait pris, il y a deux ans, le parti de le vendre moyennant une somme d'environ soixante-dix mille francs. Celle qui lui resta, ses dettes payées, lui servait à faire des voyages à Paris, où l'amenait quelquefois le désir de soumissionner des fournitures de fourrages.

Papavoine a été reconnu d'abord par *Charlotte Herrin* pour être l'assassin de ses malheureux enfans. Mais depuis elle s'est exprimée avec plus de réserve : elle craint d'avoir été abusée par la frayeur, et par le désir d'une légitime vengeance. Le meurtrier avait bien une redingote de la même couleur que celle de *Papavoine* ; il était aussi de la même taille ; mais ces indices sont-ils suffisans pour l'autoriser à affirmer que c'est lui?

Papavoine a été reconnu par une autre personne, madame *Jean*, épicière, en face du château. Il avait le matin acheté chez elle un couteau de table, et il avait marchandé si long-temps, qu'elle avait pu facilement se graver ses traits dans la mémoire. Mais il reste à savoir si c'est ce couteau qui a servi à commettre le double assassinat. Celui qui a percé le cœur de *Charles* et d'*Auguste Gerbault*, a échappé aux scrupuleuses recherches de la justice. Pour le retrouver, l'on a fauché l'herbe des massifs du bois, on a parcouru avec la plus vigilante attention les environs, on a levé un œil investigateur jusques sur les branches des arbres, et tant de perquisitions n'ont mené à aucune découverte satisfaisante.

A ces deux premières circonstances viennent s'en joindre deux autres à peu près de la même nature. La justice a cru reconnaître au sable qui se trouvait au chapeau de *Papavoine*, des marques du coup de parapluie que *Charlotte Herrin* lui porta sur la tête, en voyant ses deux fils immolés. D'un autre côté des taches remarquées sur sa redingote, après avoir été soumises à une analyse chimique, ont semblé aux experts se comporter dans la décomposition, comme des matières animales, et l'on prétend que leur rapport affirme que c'est du sang.

Cependant, à la mairie de Vincennes, lorsque l'assassin n'aurait pas encore eu le temps de se composer,

Papavoine, mis en présence des deux victimes, ne laissa pas apercevoir la moindre émotion, protesta énergiquement de son innocence, et dit ce qu'il a souvent répété depuis, que *celui qui s'est souillé de ce forfait, ne peut être qu'un fou.*

Une autre personne dût encore être arrêtée. *Charlotte Herrin* se rappela cette inconnue en *robe rose* qui avait embrassé ses enfans dans une si singulière circonstance, au moment même que les infortunés se jouaient, sans s'en douter, hélas! sur le bord de leur tombe!... On présuma que ce baiser pouvait bien être un prélude de l'assassinat, un signal convenu pour les désigner au poignard du bourreau, qui les guettait déjà probablement; lui qui semblait ne pas les connaître; lui qui avait offert ou fait offrir *mille francs* pour qu'on les lui indiquât, lui enfin qui avait préludé à son criminel sacrifice par un baiser, à l'imitation de la *femme à robe rose.*

Il ne fut pas difficile de l'arrêter. Cette personne était la demoiselle *Clotilde Malservait*, demeurant à *Paris* rue *Beauregard* n.º 36. Un homme irréprochable, M. *F........*, l'avait amené le matin à Vincennes, où elle devait attendre son retour de Saint-Mandé, campagne où il était appelé par une affaire d'intérêt. *Clotilde Malservait*, avant d'aller se promener dans le bois de *Vincennes*, était entrée dans un café, où elle s'était à peine assise, et où l'on avait remarqué qu'elle regardait souvent à travers les vitres. Elle explique cette circonstance d'une manière qui nous paraît satisfaisante. Depuis qu'elle était descendue de la voiture de M. *F........*, elle se trouvait suivie de près et impitoyablement par un individu qu'elle reconnaît dans *Papavoine*. Pour éviter cette poursuite, certes peu agréable, elle se réfugia dans le café où on l'a remarquée. Si elle a souvent regardé à travers les carreaux de vitres, c'était pour s'assurer de la disparition de l'importun. Vain espoir ! il paraît qu'il la suivit jusque dans le bois, mais qu'il ne lui adressa pas la parole.

La surprise de M. *F......* ne put se décrire, lorsqu'il apprit à son retour, que son amie, qu'il se proposait de ramener à Paris, était arrêtée comme complice présumée d'un crime affreux.

Papavoine et *Clotilde Malservait* sont restés à la *Préfecture de police* jusqu'au 13 octobre. Ce jour-là, ils furent transportés, le premier à la *Force*, l'autre aux *Madelonnettes*, et tous deux mis au secret.

Depuis ce temps, ils ont subi beaucoup d'interrogatoires devant M. *Desmortiers*, juge d'instruction, chargé d'instruire leur affaire. Ceux de la demoiselle *Malservait* ne présentent rien de remarquable, si ce n'est le soin qu'on a, chaque fois, de la faire habiller comme le jour de l'assassinat, afin d'être confrontée aux différens témoins, et il est probable que, si elle était mise en accusation, ce que nous ne préjugeons pas, elle comparaîtrait avec *la robe rose*, *le chapeau rose*, et *le schall noir* qu'elle portait lorsqu'elle embrassa les enfans de *Charlotte Herrin*, au milieu du bois de *Vincennes*. A part cette singularité que je viens de signaler, les interrogatoires de *Clotilde Malservait* n'offrent rien de remarquable à la curiosité publique. Il paraît qu'elle répond avec calme, avec modestie, avec toute la candeur que comporte le soin de sa défense. Peut-être se laisse-t-elle aller au chagrin; mais quelle est la femme (l'être, certes le plus sensible de la nature), quelle est, dis-je, la femme qui, dans une pareille position, serait inaccessible à une noire mélancolie ? L'innocence même la plus pure est tourmentée par les soupçons dont des circonstances fortuites la rendent l'objet.

Les comparutions de *Papavoine* devant son juge d'instruction, ont offert une plus piquante variété. Et qui d'abord n'a pas couru au *Palais de justice*, pour contempler ses traits, pour voir sa *redingote bleue* et son bonnet de soie noire ? Car tout Paris a été curieux de voir cet homme, et d'interroger ses traits pour y découvrir les indices du funeste penchant au meurtre. A son aspect seul, les uns ont conçu des préjugés favorables, les autres des préjugés défavorables. Mais ils seraient tous bien embarrassés de les justifier. Il faut l'avouer : ils n'ont point jugé *Papavoine* sur sa physionomie; c'est dans les secrètes dispositions avec lesquelles ils étaient accourus sur son passage, qu'ils ont, sans s'en douter, puisé les élémens de leurs frivoles opinions. Et vraiment, à moins d'être doué de l'œil pénétrant d'un *Lavater*, il est impossible de découvrir le cœur de cet individu dans les traits de sa figure.

Papavoine est un homme d'environ cinq pieds trois pouces et demi, d'une corpulence ordinaire, ni trop mince, ni trop épaisse. Il a le teint olivâtre, indice assez habituel d'un caractère ardent et passionné. Deux légères taches se font remarquer sur ses joues, mais sans que sa figure en soit déparée.

Il n'a point cette excessive candeur, cet air humble et pudibond, qui, dans l'empoisonneur Castaing, était le masque hypocrite de l'âme la plus vile, la plus perfide, et la plus froidement barbare. On ne remarque point non plus en lui ce regard audacieux et sinistre, ces gestes énergiques et significatifs, qui, dans les brigands de profession, épouvantent le public jusqu'au milieu de l'audience de la *Cour d'assises*. En un mot, jugé sur son seul extérieur, *Papavoine* serait un honnête homme.

Ses principaux interrogatoires, il les a subis les 14, 15, 16, 19 et 22 octobre, et le 17 novembre.

Le 14 octobre, il se montra tel qu'il s'était d'abord manifesté lors de sa confrontation avec les deux malheureuses victimes : calme, inébranlable, et corroborant ses dénégations par le plus imperturbable sang-froid.

Dans l'interrogatoire du lendemain, il se présenta d'abord dans le même état, quoiqu'il fût traité avec plus de rigueur. On lui avait attaché les mains, et cette mesure était bien faite pour exaspérer un caractère aussi farouche que le sien. Mais son œil, demeuré sec jusqu'alors, se remplit soudain de larmes, quand il se vit conduire chez lui pour procéder à la perquisition de ses papiers. Il attribua, non sans vraisemblance, cette marque de sensibilité au chagrin qu'il prévoyait que la nouvelle de son arrestation allait causer à sa mère.

Ce qu'il y a de certain, c'est qu'il ne pouvait être a-
larmé sur le résultat des recherches qui allaient être
faites, puisqu'il ne se trouva chez lui aucune espèce de
papiers, pas même la note la plus insignifiante. La
même sensibilité s'est manifestée le 16 octobre, et dans
les interrogatoires suivans. Celui du 19 a été le plus
long de tous : il a duré depuis dix heures et demie du
matin, jusqu'à près de cinq heures de relevée.

Cependant, malgré tant d'activité, l'instruction ne
marchait point vers un résultat définitif avec une ra-
pidité égale à l'impatience du public. Il y avait déjà un
mois qu'elle était commencée, et les journaux annon-
çaient que la *Chambre du Conseil* mettrait encore un
pareil temps à rendre *l'ordonnance de mise en liberté*,
ou *de renvoi devant la Chambre des mises en accusation*;
Papavoine, de son côté, avait senti ses rigueurs s'allé-
ger : il avait été débarrassé provisoirement de la camisole de force ; il avait même obtenu, depuis quelques
jours, d'être mis dans une chambre particulière, où il
n'y avait aucune espèce d'armes. Le dix-sept novembre, le gardien ayant ouvert la porte, pour donner de
l'air à cette chambre, *Papavoine* s'est introduit dans
une pièce voisine où déjeunaient plusieurs détenus.
S'étant élancé sur l'un d'eux qui tenait un couteau, il
s'est saisi de cette arme, et en a frappé un jeune dé-
tenu, de trois coups : deux à l'estomac et un au visage.
On espère qu'ils ne seront point mortels.

Cette nouvelle victime ne doit son salut qu'au courage que ses camarades ont eu de se précipiter sur *Papavoine*, et de le désarmer au péril de leurs propres

jours. Elle se nomme Labiey; c'est un jeune homme de vingt ans environ, mais qui ne paraît pas en avoir plus de douze ou treize; sa figure enfantine, la délicatesse de ses traits, et son teint vermeil, sont, en apparence, les seuls torts qu'il ait eus envers son assassin. Quelles tristes présomptions offre cet attentat qui ne peut être nié! mais il ne nous appartient pas de les développer ici. Nous les abandonnons à la sagacité du lecteur, et, comme nous, il ne les suivra qu'en tremblant, jusque dans leurs dernières conséquences. Comme nous encore, par humanité, il craindra de se tromper, et, avant de se prononcer, il attendra l'arrêt solennel de la justice.

Interpellé par le juge d'instruction de faire connaître la cause qui l'a porté à attenter aux jours du jeune Labiey, *Papavoine* a répondu : « *Rien ne me défend de m'amuser ici, où je suis aigri par une captivité trop longue pour mon caractère indépendant.* » Singulière distraction que celle qui consiste à verser le sang de son semblable!... distraction qui ne peut se concevoir en France que dans un fou, et qui ailleurs n'est digne que d'un anthropophage!

Poursuivant le cours de ses fureurs réelles ou feintes, *Papavoine* s'est précipité sur le commis-greffier qui accompagnait M. *Desmortiers*, et M. *Millière* substitut du Procureur du Roi, et lui a donné un violent coup de pied dans le bas-ventre.

De si funestes excès ont justifié les mesures de rigueur qu'on a déployées de nouveau contre lui. On lui a remis la camisole de force, et il a été enfermé dans une pièce particulière, où toutes les précautions sont prises pour qu'il ne puisse nuire à personne.

Telles sont les principales particularités relatives à *Papavoine*, à cet homme dont le nom, depuis six semaines, retentit si souvent dans Paris et dans toute la France. Innocent du double homicide de Vincennes, il serait bien malheureux que des soupçons lui eussent valu une arrestation qu'il vient d'ensanglanter par un crime irrécusable ; coupable, il serait encore à plaindre ; l'homme, même dans le malheur qu'il a mérité, a droit à des égards : *res sacra miser*....; furieux enfin, n'aurait-il pas également droit à notre compassion ? Quel spectacle affligeant pour l'humanité, que celui d'un homme à tel point déchu de sa dignité, par l'absence de sa raison, qu'il obéit au cruel instinct des brutes les plus féroces, à une soif indomptable du sang ; et de quel sang ! du sang humain !....

FIN.

NOTICE HISTORIQUE

SUR

FORT.

———

Je me demande tous les jours comment il est possible, dans une nation aussi civilisée que la France, que les tribunaux regorgent ou de coupables ou de prévenus ? On vole, on assassine, si je puis m'exprimer ainsi, LE CODE A LA MAIN. Tel coupable sait d'avance la peine qu'il doit encourir : aussi, quand il est décidé à commettre tel ou tel crime, il a soin de s'enquérir, avant de le faire, des peines qui lui sont réservées dans le cas où il sera pris *flagrante delicto*. Tout vol, dit le Code, emportera condamnation à mort si le coupable l'a commis : la nuit, avec effraction, à main armée, etc; or, celui qui se jette à corps perdu dans cet épouvantable carrière, combine son forfait de telle manière qu'il échappera à la peine capitale.

Combien ces réflexions préliminaires sont terribles pour l'observateur qui, d'un œil scrutateur, considère la société dans son ensemble!... Cependant comment y remédier? En vain on professera la morale, la religion

dans tous les lieux; leur culte n'est pas d'une obliga-
tion impérative : on s'y soumet, ou on ne s'y soumet
pas; peu importe. Si donc l'homme a dans son cœur
un penchant vers la perversité, il s'abandonne au
crime, sans en prévoir les conséquences; il calcule
toujours comme s'il ne devait pas être découvert; le
contraire arrive, il est condamné;... et l'exemple n'ins-
pire pas encore, à ceux qui marchent sur les mêmes
traces, le désir de rentrer dans la voie de l'honneur et
de la vertu. Nous récrierons-nous contre la philoso-
phie, contre les erreurs de notre siècle, la rendrons-
nous complice des excès auxquels se livent les malfai-
teurs? Non : il est assez malheureux de compter des
coupables, sans que, pessimiste frondeur, nous allions
lui imputer des erreurs qui ne naissent pas de ses lu-
mières; nous en accuserons plutôt cette soif inextin-
guible d'honneurs, de fortune, après lesquels tout le
monde court; cette manie d'étaler un luxe qui ne re-
pose sur aucune base fixe, ce luxe lui-même, qui
établit à sa surface, des degrés dans la société, qui
la subdivise en échelons basés sur la mise, la toilette
ou l'élégance. Mais laissons de côté ces réflexions qui
n'auront échappé à personne, et entrons en matière :
voyons ce qu'était FORT, quel est son crime, quelles
étaient ses vertus, et démêlons le drame de sa hideuse
célébrité.

FORT naquit en Provence en 1782. On a prétendu
qu'il n'avait reçu aucune éducation, qu'il n'avait fait
aucune étude : erreur : FORT était né honnête homme,
FORT avait reçu une éducation soignée, et, long-temps

le jouet des coups de la fortune, il déploya dans toutes les circonstances de sa vie une aptitude à ses devoirs, une régularité dans ses affaires, une probité dans ses relations avec le monde, telles qu'on aurait pu penser que l'homme érudit, le bon époux, le bon Français, dût finir sa vie, entouré de l'estime des gens de bien, vénéré du malheureux et regretté de tous ceux qui l'avaient connu.

Jeune encore, il entra au service de Joseph Bonaparte, alors Roi de Naples. Distingué par ses brillantes dispositions, il devint bientôt secrétaire intime du Roi-usurpateur, en sous-ordre de M. Lalande : depuis cette époque, 1808 jusqu'en 1813, que Joseph fut successivement roi de Naples, et en définitif roi d'Espagne, FORT se fit remarquer par son affabilité, sa douceur. Joseph surtout le considérait comme un homme doué d'un esprit conciliateur, susceptible de ramener autour de son trône qui tombait en quenouille, tous les esprits. Mais les bonnes grâces de son protecteur ne tardèrent pas à lui manquer. Le 24 mai 1813, le soleil de Vittoria éclaira la défaite des armées françaises. Wellington, le fameux Wellington, défit l'armée de Joseph. Hâtons-nous de dire qu'il y avait au moins quinze anglo-Espagnols contre un Français. A cette époque, Joseph qui avait eu, comme nous l'avons dit, l'occasion de remarquer le zèle, la rectitude, la loyauté de FORT, le préposa à la garde des Archives Royales qu'il emmenait avec lui. Il put se convaincre combien un serviteur comme FORT est précieux. Mais ce dernier, après cette épouvantable catastrophe, désesperant du sort de son maître, et las d'ailleurs de servir une cause qu'il n'avait jamais considerée comme légitime, quitta Joseph, et, sur les frontières de la France, établit une espèce d'hôtellerie renommée par la manière dont y étaient traitées toutes les personnes qui y séjournaient. Il la conserva long-temps, exerçant, autant que sa fortune pouvait le lui permettre, des actes de bienfaisance, et se conciliant l'amitié des personnes qui partageaient le moins ses opinions politiques; car, à cette époque, il y avait déjà en France deux opinions, nous ne les qualifierons pas, ceci serait hors de notre sujet; contentons-nous de dire en passant que celle de FORT était si honorable et si française, qu'à l'époque du retour de Bonaparte, S. A. R. Monseigneur le Duc de Bourbon descendit chez lui. FORT prodigua au Prince les plus profonds témoignages d'amour et de respect, et ses manières touchèrent le Prince à un tel point, qu'il lui promit, à son retour en France, retour qu'il prévoyait, de lui faire obtenir soit chez lui, soit chez son père S. A. R. Monseigneur le Prince de Condé, une place qui l'indemniserait un jour des torts de la fortune; car il faut savoir qu'il n'était rien moins que riche. FORT avait épousé une Demoiselle espagnole, modèle de toutes les vertus sociales, et d'autant plus digne du respect et de l'intérêt général, que l'infortunée se trouve maintenant dans la cruelle position de voir sous le coup d'un jugement, un époux qui jusqu'alors lui avait prodigué des marques non équivoques de sa constante tendresse.

S. A. R. Monseigneur le Duc de Bourbon, de retour en France, fidèle au culte des souvenirs, et sensible aux attentions de FORT, s'occupa de lui faire obtenir une place : peu de temps après, il entra dans les bureaux de M. de Catigny, Intendant général de S. A. R. Monseigneur le Prince de Condé. A son début dans la carrière bureaucratique, il n'eut d'abord qu'un très-mince traitement : il se montait à dix-huit cents francs; mais, remarqué par ses chefs, et constamment recommandé par le Duc de Bourbon, il ne tarda pas à monter plus haut; son avancement fut si rapide, qu'en peu de temps il fut nommé Secrétaire particulier du Prince et Contrôleur de la dépense; cette double charge lui valait un traitement annuel fixe de douze mille francs. FORT de 1815, était toujours le même homme; dévouement à la monarchie, respect, amour pour ses bienfaiteurs, étaient en lui des vertus naturelles.

Aussi n'est-il sorte de complimens qu'il ne reçût; FORT était, au palais Bourbon, l'homme que l'on consultait, auquel on confiait les choses les plus délicates, parce qu'il savait à la fois et rendre service, et garder un secret. M. de Catigny, homme d'une exactitude scrupuleuse, avait contribué à son élévation; mais le protégé pût bientôt, par son crédit, voler de ses propres ailes, et on prétend, nous n'osons l'assurer, qu'il voyait avec peine, l'immense confiance que les Princes de la Maison de Bourbon avaient en M. de Catigny. Personne ne se rappelait qu'autrefois FORT eut porté l'oriflamme de Joseph; on l'aimait, parce qu'il méritait alors de l'être, parce qu'il était serviteur zélé, bon ami; aussi les premières sociétés de la Capitale se faisaient-elles un plaisir de l'aggréger à leur magnificence : FORT jouissait en un mot du plus grand crédit, et cela à tel point que, si nous n'avions des preuves matérielles de son crime, nous nous demanderions qu'a pu faire FORT, et par quelle filière d'événemens est-il arrivé sur le banc de la Cour d'Assises. Historiens, nous nous apercevons que notre préambule apologétique doit finir, puisque le crime révélé presse nos pinceaux.

Le jour de son crime, FORT, propriétaire d'une maison de campagne, située à *Colombe*, près de Versailles, y avait été dîner avec son épouse qui y séjournait le soir. On remarqua, avec quelque surprise, au palais Bourbon, qu'il était revenu le soir à Paris, contre son ordinaire ; cependant on était loin de soupçonner le motif de son retour. L'homme de bien peut-il en un seul jour se transformer en un vil scélérat ? Immédiatement après son arrivée, il fit quelques visites, et passa une partie de la soirée chez Madame la Comtesse de P....., épouse d'un Ministre d'État. On remarqua qu'il était préoccupé, avec d'autant plus de raison, qu'il était habituellement très-enjoué.

Rentré de bonne heure, il se couche, et lorsque, vers minuit et demi, une heure du matin, tout le monde au palais Bourbon était plongé dans le sommeil, il se lève, s'arme d'une épée, de deux pistolets et d'un rasoir ; recouvre ses vêtemens d'une chemise, et, sous cet accoutrement sinistre, il se dirige vers l'appartement de M. de Catigny. Il lui fut d'autant plus aisé d'y pénétrer, qu'ayant lui-même son bureau près de

M. de Catigny, il lui était facile d'avoir toutes les clefs.

VÉRY, domestique de M. de Catigny, avait son lit dans l'antichambre de son maître. Il venait de se coucher, et à peine commençait-il à s'assoupir, qu'il est réveillé en sursaut par le bruit que venait de faire, en s'ouvrant, la porte de l'antichambre; il écoute, entend marcher dans l'appartement, s'empare d'un briquet phosphorique déposé sur sa table de nuit, en s'écriant: Qui va là? A la lueur de l'allumette qu'il venait d'enflammer, il aperçut un homme armé jusqu'aux dents, se glisser furtivement. Le courageux VÉRY n'a pas le temps de prendre conseil de sa prudence. L'homme armé se précipite sur lui, il était en chemise, sans autre défense que son courage. Cette scène venait de réveiller M. de Catigny, et le fidèle VÉRY, comptant toujours qu'on en voulait à la vie de son maître, lui crie, en se débattant contre l'assassin : « *Ne sortez pas, Monsieur, ou vous êtes perdu.* » M. de Catigny ouvre ses fenêtres, appelle du secours; mais, pendant qu'on accourait à ses cris, VÉRY était dans une position terrible: l'assassin lui hachait la figure à coups de rasoir, et, las de voir qu'il lui était impossible de le détruire ainsi (car d'ailleurs on était dans la plus profonde obscurité,), l'homme armé se saisit de son épée; heureusement l'infortuné domestique, protégé par l'obscurité, échappa au premier coup qui, fut frapper la muraille; l'épée de FORT se rompit, et les coups qu'il en assena cessèrent d'être sinon dangereux, du moins aussi meurtriers.

Tandis que les choses se passaient ainsi, que Véry expirait, pour ainsi dire, sous les coups du meurtrier, les cris de M. de Catigny avaient été entendus, et M. Dubois, architecte du palais Bourbon, et son secrétaire, étaient accourus à son secours. Ils se dirigèrent donc vers l'appartement. A leur aspect, le coupable s'échappe en fondant sur eux ; dans sa fuite, il porte même un coup du tronçon de son épée à M. Dubois, qui ne fit heureusement que l'effleurer.

Mais tout est désordre au palais Bourbon : le malheureux Véry est baigné dans son sang, et tous les soins doivent se partager entre les secours à donner au fidèle et héroïque gardien de M. de Catigny, et les recherches du coupable.

Après bien des perquisitions, on découvre dans une cave les pistolets, le rasoir et l'épée dont était chargé l'assassin ; plus, la chemise ensanglantée qui recouvrait ses habits. Plus de doute, il s'est échappé. D'un autre côté, on s'est aperçu de la disparition de Fort ; les soupçons, sans s'arrêter sur lui, planent sur sa tête. Hélas ! on ne s'était pas trompé..... Tandis que la Police court après le coupable, qu'elle expédie ses émissaires, déploie ses moyens, ses ruses, que Véry est au milieu des gens de l'art, suivons le criminel fugitif. Nous quitterons ainsi un théâtre de sang, pour être témoins de scènes moins hideuses et plus attendrissantes..

Fort, la veille honnête homme, la veille l'objet de la considération publique, pouvant, à son gré, porter dans tous les lieux sa tête levée, rencontrant l'intérêt dans tous les regards, fuit le lendemain, ne trouve des secours que dans l'obscurité ; encore un sylphe vengeur tient-il son glaive levé sur sa tête. Il fuit, le remords dans le cœur, le trépas sur les lèvres ; sans projet, sans asile ; l'air qu'il respire l'accuse, son crime est partout où il marche, dans tous les lieux où il séjourne. C'est dans cet état que, vers les trois heures du matin, il arrive à Passy, il se rend à la hâte chez un des fournisseurs de S. A. R. Monseigneur le Duc de Bourbon, où il était parfaitement connu, avec lequel il était même étroitement lié. Mr.... était venu la veille à Paris, y était resté, il ne put trouver que son épouse. Dans cet état, à cet heure, ... il y avait de quoi effrayer cette Dame. En effet il lui fait un roman assez mal combiné qui portait en substance qu'on avait pillé sa maison de *Colombe*, que tout y était devasté. Il suppliait l'épouse de son ami de lui prêter son cabriolet, de lui faire donner d'autres habits, du linge et de l'argent, afin qu'il fût un peu moins en désordre, pour entreprendre les démarches que la circonstance réclamait impérieusement.

Le mari de M.me.... avait emmené le cabriolet à Paris, elle lui proposa donc de lui procurer un cheval. Fort accepte et la quitte sous les habits qu'elle venait de lui prêter, de plus elle lui confie une somme de cent francs. Sous ce nouveau costume il va droit à Guyancourt près de Versailles, probablement pour voir quelle serait l'issue de l'affaire,

Cependant la femme du fournisseur, qui avait beaucoup d'attachement pour la jeune épouse de FORT, se disposait à porter à sa jeune amie, le tribut de ses consolations. Elle ne doutait pas que ce qui venait de lui être rapporté ne fût de la plus rigoureuse exactitude, c'est pourquoi, dès que le jour commença à poindre, elle envoya chercher un cabriolet à la barrière de Paris, et se mit aussitôt en route pour Colombe. La justice avait déjà envoyé des émissaires dans toutes les directions; des gendarmes cernaient la maison de campagne de FORT; aussi, dès que Mad...., de Passy, y arriva, leur aspect ne fit-il, de prime abord, que lui confirmer le roman que FORT lui avait raconté pendant la nuit.

Elle questionna les gendarmes sur ce qui était arrivé. On ne lui répondit qu'évasivement, et qu'on juge de sa surprise lorsqu'en pénétrant dans la chambre à coucher de son amie, elle la trouva profondément endormie. Mad... ne se donna pas le temps de rapprocher toute la singularité de ce qui se passait sous ses yeux, elle réveilla son amie, l'embrassa tendrement, les larmes aux yeux, en lui disant que probablement M. FORT lui avait exagéré l'accident qui venait d'arriver, puisqu'elle paraissait être aussi tranquille. Le lecteur pressent bien quel put être la conversation qui s'éleva entre ces deux Dames; les questions de madame FORT, leur étonnement commun; mais si le pillage de la maison de campagne était une fable, le crime de FORT n'était que trop vrai: les gendarmes aux portes de la maison de campagne, le bruit qui transmet toujours les événemens avec des additions, la disparition de FORT apprirent bientôt à sa malheureuse épouse que l'orage grondait sur sa tête. En vain son amie lui prodigua les plus touchantes consolations, elle perdit la raison pendant deux jours et, quand elle la recouvra, elle apprit l'arrestation de son mari, laquelle arrestation avait eu lieu de la manière suivante :

Nous avons dit que FORT, sous les habits de Mr..., s'était dirigé vers Guyancourt, il y était arrivé dans la matinée, et son premier soin avait été de s'arrêter dans une auberge, d'y demander un lit. Couche terrible, pour l'homme la veille encore vertueux !

Sur ces entrefaites, un porteur avait été chargé de remettre à FORT une lettre dont la subscription était : *A monsieur* FORT, *à Guyancourt*. Le lecteur se demandera comment, arrivé *incognito*, on avait pu lui adresser une lettre à Guyancourt. De cet indice, il tirera la conséquence d'une préméditation. Quant à nous, qui ne nous proposons que de rapporter les faits, sans vouloir pénétrer dans les profondeurs de la procédure, nous attendrons que la publicité des débats forme notre opinion, dans la crainte que nos raisonnemens ne paraissent avoir l'ambition déplacée de préjuger une question si importante. Un porteur était, dis-je, chargé de remettre une lettre à FORT ; mais comme l'adresse ne précisait que le lieu de la résidence, il s'informait donc dans Guyancourt de la retraite de FORT, lorsque l'un des envoyés de la police la surprit en ses mains. Avant peu, on apprit qu'un voyageur y était nouvellement arrivé, et, comme on ignorait encore

son nom, il fut convenu qu'on prendrait tous les ména-
gemens possibles, afin de ne rien ébruiter. C'est donc
sous un travestissement, qu'un agent de la police entra
dans la chambre qu'occupait FORT. Il était au lit, et
occupé à parcourir un livre de pensées chrétiennes. A
l'aspect d'une figure inconnue, FORT, épouvanté par
son crime, et qui, par cela même, croyait laisser lire
dans ses regards sa culpabilité, s'écrie : « *Ah ! je suis*
« *perdu !.... Vous voyez que je suis désarmé ; ne me fai-*
» *tes pas de mal ; je suis à vous.* »

Il s'habille, on l'emmène, et, confronté avec la victime, devant M. le procureur du Roi, il a bientôt tout
avoué, hors qu'il ait eu jamais l'intention d'assassiner
M. de Catigny. Son désir était, disait-il, « de se suici-
» der, tourmenté depuis quelque temps par une mé-
» lancolie sombre et déchirante. »

FORT, depuis sous les verroux, s'est jeté dans les
bras de la religion. Il est revêtu de la hideuse camisole,
et son temps est partagé entre la lecture des livres saints
et des pleurs. Il a près de lui le portrait de son épouse,
qu'il baigne de ses larmes, et si, dans ses lectures, il
lève les yeux, ce n'est que pour les reporter avec em-
pressement sur l'image d'une compagne qu'il vient de
plonger dans un deuil éternel.

FORT est d'une taille moyenne, mais distinguée ; il
a les yeux et les cheveux bruns, et ses traits, altérés
par la douleur, annoncent encore que la nature l'avait
créé pour plaire, pour faire les délices de la société, et
non pour l'épouvanter par des crimes.

On se demandera peut-être, après la lecture de cette

notice, quels sont les causes qui ont pu aussi instanta-
nément précipiter l'honnête homme dans l'état d'abjec-
tion où il est réduit; mais pour cela il faudrait entrer
dans des développemens qui formeraient une opinion
que la justice a seul droit de produire sur le public. Il
est bien arrivé à nos oreilles qu'il était jaloux; peut-
être n'a-t-on fondé cette assertion que sur des hypothèses : quant à nous, qui ne voulons rien avancer de
hasardeux, nous ne nous armerons pas des grâces, de
la beauté de sa malheureuse épouse, pour ajouter aux
tourmens qui doivent l'environner. Nous le répétons,
la justice s'occupe avec son impartialité, sa philan-
thropie habituelle, du soin de démêler la cause d'un
crime dont nos annales contemporaines offrent trop
d'exemples.

M. VÉRY, à la conduite duquel on ne saurait donner trop d'éloges, est maintenant hors de danger.
S. A. R. Monseigneur le duc de Bourbon et M. de Catigny lui ont fait prodiguer tous les soins que sa position réclamait, en lui assurant qu'il pouvait compter
sur leur reconnaissance : « *Il vous reste deux amis,* »
lui ont-ils dit; ils auraient pu aller plus loin : la société tout entière votera des éloges à l'homme qui, au
péril de sa vie, a sauvé un de ses membres, et si ses
vœux, ses remercîmens sont plus stériles, M. VÉRY ne
sera pas moins assuré de rencontrer dans l'estime gé-
nérale, la récompense due à son loyal dévouement et à
son courage héroïque.